BIBLIOTHÈQUE DE PROPAGANDE SOCIALISTE

VIVE

LA

COMMUNE

PAR

Em. VANDERVELDE

député

Prix : 5 Centimes

BRUXELLES
AU JOURNAL *LE PEUPLE*
35, Rue des Sables

1903

34

ÉMILE VANDERVELDE
Membre de la Chambre des Représentants

La Commune de Paris

Il y a quelques années, au lendemain des élections législatives qui firent pénétrer, pour la première fois, dans le Parlement belge, des députés socialistes, je fus amené, dans un meeting qui se tint à Marcinelle (Charleroi), à interrompre un orateur catholique, se livrant à des attaques violentes contre les révolutionnaires de 1871, par ce cri : « Vive la Commune ! ».

Cette interruption ayant fait quelque scandale, mes camarades de Charleroi me prièrent, quelque temps après, de donner, dans le même local, une conférence sur la révolution du 18 Mars.

Ayant accepté cette invitation, je m'exprimai, à peu près en ces termes (1) :

Demandez à un bourgeois ce que fut la Commune de Paris, il vous parlera avec indignation de l'incendie des monuments ou du massacre des otages.

Mais parlez de la Commune à un ouvrier, à un socialiste, il vous dira que la Commune, c'est la première insurrection victorieuse du prolétariat, bientôt suivie, hélas! par la plus implacable des répressions.

Car, si la Commune de Paris a fait pousser des cris d'horreur dans les milieux bourgeois, elle a soulevé dans les rangs du prolétariat un cri d'espérance d'abord, et après la défaite un cri de vengeance.

Il y a quelques années, je me trouvais à Paris, au cimetière du Père-Lachaise, à l'endroit même où tombèrent

---

(1) D'après le compte rendu fait par G. des Essarts.

les derniers combattants de la Commune, et où ils furent enterrés. Aujourd'hui, ce mur, au pied duquel furent fusillés les communards, porte des inscriptions : « Vive la Commune! Vengeance pour les nôtres! » souvenirs sanglants des jours terribles. Cet hommage, rendu aux héros de la Commune, n'est-ce pas la démonstration qu'on n'écrase pas le socialisme en massacrant ceux qui le défendent? (Appl.)

Les Fédérés de 1871 revivent dans leurs enfants et, au moment où je vous parle, je revois cette superbe et sinistre gravure du *Chambard* — œuvre anonyme d'un grand artiste, qui les montre, sortant de la fosse commune, se dressant sur le Mur du Cimetière, et brandissant vers Paris la flamme rouge de leur bannière teinte de sang.

C'est en songeant à eux — au souvenir de leur éphémère victoire — que, dans l'histoire de la Commune, on oublie les faiblesses et les fautes des chefs, l'absence d'organisation de la masse, pour ne voir que la première révolution prolétarienne qui ait triomphé pendant quelques semaines.

On conserve le souvenir de ce moment d'espérance où les prolétaires virent pour la première fois le drapeau rouge flotter sur les monuments de Paris et c'est pourquoi, malgré les funèbres souvenirs qui s'y rattachent, le 18 mars n'a pas cessé d'être fêté aux cris de : *Vive la Commune!*

Ce que je veux faire ici, ce n'est pas l'apologie de la Commune; je ne vous la peindrai pas sous un jour irréel. Je vous montrerai ce qu'elle a été; je ne cacherai pas les fautes commises, et pour autant que le sentiment qui déborde en mon cœur laisse parler la froide raison, je me bornerai à vous citer des faits.

PARIS APRÈS LE SIÈGE

Au commencement de mars 1871, Paris venait de subir les horreurs du siège; il était sous l'impression des défaites subies et des trahisons soupçonnées. L'Assemblée de Versailles manifestait des tendances diamétralement opposées à celles de la population parisienne. C'était, disait Crémieux, une majorité de ruraux, qui avait hué Victor Hugo et insulté Garibaldi.

D'un côté donc **Paris** républicain, de l'autre la France monarchiste. Paris avait des fusils et des canons pour défendre la République. Versailles en avait pour la détruire. Notez aussi que plus de 100,000 bourgeois avaient quitté la ville après le siège ; il n'y avait plus à Paris que la population ouvrière et de petits bourgeois, ayant devant eux le spectre de la faim, du propriétaire réclamant le terme ou du créancier impitoyable.

C'est dans ces conditions que l'Assemblée Nationale décréta qu'il fallait sans termes, ni délais, payer les loyers arriérés et les créances exigibles. Du 13 au 17 mars, 150,000 protêts furent enregistrés à Paris.

C'est ainsi que deux classes se trouvèrent en présence, comme si d'un coup de baguette magique s'était opérée la concentration capitaliste : D'un côté, les conservateurs capitalistes ; de l'autre, les petits bourgeois ruinés, décimés, confondus avec les crève de faim du prolétariat.

UN COMPLOT RÉACTIONNAIRE

Alors, tandis qu'un véritable complot monarchiste se tramait à Versailles, tandis que la foule des républicains, sur la place de la Bastille, jurait de défendre la République, l'Assemblée Nationale décida de désarmer le peuple de Paris en enlevant les armes et les canons de la Garde nationale, et de supprimer la solde qui permettait à des milliers de citoyens de ne pas mourir de faim.

On leur enlevait, à la fois, les quelques sous qui faisaient vivre leur famille et les armes qui devaient leur servir à défendre les institutions républicaines.

LE 18 MARS

C'est le 18 mars que M. Thiers envoya quelques régiments de ligne pour opérer le désarmement des « fédérés » de la Garde nationale. Ces troupes étaient commandées par le général Lecomte ; sans rencontrer de résistance, elles s'emparèrent d'abord de quelques canons ; les gens du quartier s'étaient groupés autour des soldats et laissaient faire, comme stupéfiés d'abord ; mais la foule arrivait des faubourgs et grossissait toujours ; les colères montaient, des imprécations s'élevaient, les ouvriers coudoyaient les soldats, ceux-ci hésitèrent, puis tout à coup, comme par un brusque changement à vue, soldats et ouvriers fraternisèrent, les ordres des chefs ne furent plus écoutés et la foule exaspérée s'empara du général Lecomte, qui, en commandant le feu, venait d'un seul geste d'ordonner la mort de centaines d'hommes, femmes et enfants.

En conduisant le général Lecomte au poste de la rue des Rosiers, la foule irritée rencontra le vieux général Clément Thomas, qui fut reconnu ; quelqu'un cria : « C'est celui qui, en 48, fit massacrer des centaines d'ouvriers », et sur cette dénonciation, qui équivalait à un arrêt de mort, Clément Thomas fut arrêté, poussé au mur et fusillé avec Lecomte.

Furent-ils fusillés par la Commune ? La Commune n'existait pas encore, et il est absurde de la rendre responsable des actes d'une foule exaspérée, livrée à ses seules impulsions.

La Commune, dis-je, n'existait pas ; seul le gouvernement régulier existait, mais il n'était plus à Paris, car à la première nouvelle de la résistance de la population aux troupes chargées de la désarmer, M. Thiers et le gouvernement s'étaient réfugiés à Versailles. Le 18 mars, Paris avait été abandonné par toutes les autorités régulières et aussi par les républicains bourgeois qui, fidèles à de vieilles habitudes, s'étaient mis du côté où ils croyaient que se trouvait la force.

Ce furent, à peu près exclusivement, des ouvriers et des petits bourgeois, démocrates ou socialistes obscurs, qui prirent la tête de l'insurrection ; les chefs de la Garde nationale formèrent le Comité central. M. Thiers, qui se trouvait à Versailles, n'avait pas de troupes, celles-ci ayant été licenciées, il fallait gagner du temps. Alors se joua une honteuse comédie dont il importe de bien préciser les détails.

Un intime ami de Thiers, M. Saint-Marc de Girardin, disait le 19 mars : « J'ai vu M. Thiers, il ne sait pas ce qu'il veut, mais il le veut énergiquement ». Ce que Thiers voulait, on le sut plus tard, c'était un massacre, mais il fallait pour cela réunir des troupes, gagner du temps. Il demanda aux maires et aux députés de Paris d'entamer des négociations.

M. Thiers écrivait le 24 mars à l'amiral Saisset : « Les maires de Paris ont pleins pouvoirs, laissez-leur faire ce qu'ils croient utile. »

Le 25 mars, les maires de Paris, d'accord avec le Comité central, fixèrent au 26 mars les élections, qui *ont donc eu lieu*, il importe de le constater, *avec le consentement tacite de M. Thiers!*

LES ÉLECTIONS DE LA COMMUNE

Ce qui prouve, au surplus, que la Commune n'est pas l'œuvre d'une poignée de factieux, c'est que 250,000 électeurs prirent part à l'élection du 26 mars. Il y eut autant de votants qu'à la fameuse élection du général Boulanger en 1889.

Parmi les élus, il y en avait de bons et de mauvais, beaucoup d'inexpérimentés, un grand nombre d'inconnus; à côté de vieux républicains comme Delescluze, de sincères socialistes comme Benoît Malon, on voyait des déclassés, tels que Rigaux qui, du moins, se réhabilita en mourant courageusement pour la cause qu'il avait embrassée. (Vifs applaudissements.)

JOURS D'ESPÉRANCE

Le 27 mars, la Commune était inaugurée place de l'Hôtel-de-Ville; ce fut une journée de joie inoubliable. Elisée Reclus, qui en fut témoin, me disait : « J'ai vu pendant la semaine sanglante les plus épouvantables choses, mais, malgré le sang, la boue, les massacres, je ne puis oublier ces quelques jours ensoleillés, ce lendemain d'une révolution victorieuse, qui n'avait coûté la vie qu'à deux hommes. »

C'est à propos de cette journée du 27 que Jules Vallès écrivait :

« Quelle journée!

» Ce soleil tiède et clair qui dore la gueule des canons,

cette odeur de bouquets, le frisson des drapeaux; le murmure de cette révolution qui passe tranquille et belle comme une rivière bleue, ces tressaillements, ces lueurs, ces fanfares de cuivre, ces reflets de bronze, ces flambées d'espoir, ce parfum d'honneur, il y a là de quoi griser d'orgueil et de joie l'armée victorieuse des républicains!

» O grand Paris!

» Lâches que nous étions, nous parlions déjà de te quitter et de nous éloigner de tes faubourgs qu'on croyait morts!

» Pardon, patrie de l'honneur, cité du salut, bivouac de la révolution!

» Quoi qu'il arrive, dussions-nous être de nouveau vaincus et mourir demain, notre génération est consolée! — Nous sommes payés de vingt ans de défaites et d'angoisses.

» Clairons, sonnez dans le vent, tambours, battez aux champs!

» Embrasse-moi, camarade, qui as, comme moi, les cheveux gris! Et toi, marmot, qui joues aux billes derrière les barricades, viens que je t'embrasse aussi!

» Le 18 mars te l'a sauvé belle, gamin! Tu pouvais, comme nous, grandir dans le brouillard, patauger dans la boue, rouler dans le sang, crever de faim et crever de honte, avoir l'indicible douleur des déshonorés!

» C'est fini!

» Nous avons saigné et pleuré pour toi. Tu recueilleras notre héritage. Fils des désespérés, tu seras un homme libre! »

LES MINISTRES DE LA COMMUNE

Mais voilà les fêtes passées, il va falloir se mettre à la besogne, constituer un gouvernement! Où trouver des ministres? Thiers est à Versailles. Les vieux républicains de 48, les radicaux, les progressistes ont quitté Paris. Pour former le gouvernement on ne trouva que des prolétaires ou des petits bourgeois; les uns, il faut le dire, d'une incapacité notoire ou d'une moralité suspecte, d'autres, par contre, fort capables et d'une honnêteté sans tache.

C'est ainsi que le ministre, ou plutôt le délégué aux Postes et Télégraphes, fut Theiz, un ouvrier ciseleur, qui organisa le service de telle façon qu'au lendemain de la Commune, le gouvernement maintenait les innovations qu'il avait introduites. A la Monnaie fut placé notre vieux camarade Camélinat, ouvrier bronzier, qui laissa, comme trace de son passage, des réformes très pratiques.

L'Assistance publique fut confiée à un autre ouvrier, Treillard, qui, deux mois après, lors de la chute de la Commune, fut fusillé par les Versaillais. Mais avant de mourir, il avait remis à sa femme les 38,000 francs qui restaient dans la caisse qui lui était confié , sa veuve, mettant ses habits de deuil pour la premié ois, s'en fut porter les 38,000 francs à l'officier qui av t fait fusiller son mari ! En citant cet exemple, n'avions-nous pas raison de crier, à la Chambre : « Saluez, Messieurs de la droite!» (Acclamations.)

Au Ministère de l'Instruction publique, ce fut autre chose. Le 19 mars, un brave ouvrier cordonnier, ayant trouvé ouverte la porte du cabinet du ministre, s'y installa.

Jules Vallès raconte, qu'entrant au ministère, il y trouva notre homme, en tenue de travail, servi respectueusement par les huissiers à lourde chaîne d'argent. Et le ministre, voyant Vallès, dit à l'un de ces huissiers : « Dis donc, camarade, va-t'en chez le charcutier d'en face chercher pour six sous de hure de cochon. Je m'en vais déjeuner avec mon ami Vallès. » (Rires.)

Quand la Commune fut établie, on choisit un délégué moins fantaisiste, et, en matière d'enseignement, le gouvernement avait élaboré un fort beau programme, mais qui, faute de temps pour être mis en œuvre, resta à l'état de projet.

LES FINANCES DE LA COMMUNE

Je veux vous parler des Ministères des Finances et de la Guerre. Maîtres de la Banque, les Communards avaient à leur disposition trois milliards, dont 800 millions en numéraire ; le reste en papier et en effets de commerce. C'était le nerf de la guerre. Mais ces canailles, ces bandits, ces voleurs, se contentèrent de parlementer avec la Banque de France, ils n'y entrèrent pas.

Le doux Varlin et l'honnête Jourde, délégués aux Finances, eurent l'inspiration naïve de s'adresser à Rothschild pour lui demander un prêt de 1 million, afin de payer la solde des gardes nationaux. Rothschild leur répondit : « Mais comment donc, un million, deux millions, trois si vous voulez, mais ne touchez pas à la Banque ». Quand les trois délégués se présentèrent le lendemain à la Banque pour toucher les fonds, le directeur, M. Rouland, leur dit :

« J'attendais votre visite. La Banque, au lendemain de tous les changements de pouvoir, a dû venir en aide au nouveau. Je n'ai pas à juger les événements. La Banque de France ne fait pas de politique. Vous êtes un gouvernement de fait. La Banque vous donne aujourd'hui un million ; veuillez seulement mentionner dans votre reçu que cette somme a été réquisitionnée pour compte de la ville. »

Pendant les trois mois de son existence, la Commune dépensa 46 millions. De ces 46 millions, 16 furent fournis par la Banque, le reste par les services publics, l'octroi contribuant pour une douzaine de millions. Et quand on trouva Varlin tué dans les rues de Paris, on le fouilla et fut trouvé porteur seulement des 300 francs qu'on avait eu de la peine à lui faire accepter comme son traitement de membre de la Commune. Quand à Jourde, il déjeunait à la gargotte, son fils allait à l'école gratuite et sa femme allait laver elle-même au lavoir public le linge de la famille. (Applaudissements.)

LES FAUTES

Parlons maintenant des délégués à la Guerre. Il faut le dire, jamais ville ne fut défendue avec autant d'inexpérience. Parmi les généraux de la Commune — à côté de quelques hommes qui moururent en héros — il y eut un grand nombre d'empanachés, misérables et lâches, qui godaillaient pendant que les autres allaient se faire tuer.

Reclus me racontait, qu'aux premiers jours de la Commune, il faisait partie des bataillons qui devaient, sous les ordres de Duval, occuper le plateau de Châtillon. Sur la place de l'Hôtel-de-Ville, les fédérés, transis de froid, stationnaient sous une pluie battante et, par les fenêtres, on entendait les gens de l'état-major chanter à tue-tête :

Buvons, buvons, buvons, à l'indépendance du Monde !

Le général Duval fut un de ceux qui moururent en braves. Il fut fait prisonnier dès la première rencontre et, • quand le général Vinoy lui demanda : « Quel sort me réserveriez vous si j'étais à votre place ? » Il répondit : « Je vous ferais fusiller ». — « Vous venez de prononcer votre propre sentence », répliqua Vinoy et le général Duval fut fusillé. Reclus me racontait encore que les prisonniers, conduits à Versailles comme forçats, devaient subir la honte de défiler devant les officiers et de belles dames qui les insultaient et du bout de leur ombrelle piquaient les prisonniers, garrottés les mains derrière le dos.

L'AGONIE DE PARIS

Pendant la semaine que dura l'agonie de Paris, « la semaine sanglante », quiconque avait aux pieds des godillots, à l'épaule la meurtrissure produite par le recul du fusil, aux mains la souillure de la poudre, était fusillé sans jugement.

Les calomniateurs de la Commune lui reprochent le massacre des otages; mais il fut commis après que le gouvernement de la Commune était tombé. Ils ne disent pas que les Parisiens étaient traqués comme des bêtes fauves, et que, si Paris se laissa aller à fusiller quelques hommes de Versailles, il ne fit qu'exercer des représailles et pas autre chose. Mais n'anticipons pas.

Le gouvernement de Versailles voulait écraser Paris; il ne se pressait pas, il entourait la ville lentement, mais sûrement, d'un cercle de fer et de feu qui, toujours, allait se rétrécissant. Ainsi qu'une pieuvre qui guette sa proie, étend ses tentacules, les troupes versaillaises s'avançaient, s'emparaient un à un des forts. C'est pendant que la ville était en pleine quiétude, au milieu d'une fête de charité, que les portes furent ouvertes par trahison et que la nouvelle de l'entrée des pantalons rouges se répandit.

LA RÉSISTANCE

Alors, quand l'ennemi est dans les murs, quand chacun a le sentiment que, derrière la barricade, il défend son quartier, sa femme, ses enfants, l'ouvrier parisien se dresse : c'est la guerre des pavés, c'est la résistance désespérée d'une population qui n'a plus rien à perdre. A côté des hommes valides, on voit leurs femmes, intrépides, on voit les barbes blanches des insurgés de 48; les enfants aussi se jettent dans la mêlée et se battent en héros. D'après Maxime Du Camp, le nombre des enfants tués pendant la Commune se décompose comme suit :

237	enfants de	16 ans
226	"	14 "
47	"	13 "
21	"	12 "
11	"	11 "
4	"	10 "
1	"	8 "
1	"	7 "

Le même écrivain évalue à 12 ou 13,000 le nombre des enfants qui prirent part à l'insurrection et qui apportèrent un contingent d'activité et de valeur dont les troupes versaillaises eurent à supporter l'énergie redoutable.

Il y eut des femmes aussi qui tombèrent le fusil à la main. Le fameux bataillon des Parisiennes, place Blanche, comptait 120 fusils; place de la Bastille il y en avait encore 60. Ces femmes se battaient tout le jour comme des furies, ayant au corsage une branche de lilas cueillie dans les jardins de Paris, elles se battaient pour venger un frère, un mari, un amant, et on vit, dans les rues de Paris, aux rigoles rougies de sang, des cadavres en jupons et à longs cheveux, frappés par des balles versaillaises.

Jusqu'au dernier jour, ces héroïnes luttèrent, réclamant leur part de cartouches, et il s'est trouvé un Maxime Du Camp pour accomplir cette besogne de chacal : calomnier ces femmes, qu'il traita de prostituées et ces enfants qu'il dépeignit comme des gamins vicieux, graine de bandits, qu'on avait bien fait d'exterminer. (Appl.)

C'était une infàme calomnie; oui. certes, il y eut parmi ces vengeresses des prostituées à côté d'honnètes femmes. Mais, en supposant que cela fût vrai, que toutes ces femmes fussent des prostituées, tous ces enfants. des gamins pourris par les prisons, y aurait-il un réquisitoire plus violent, contre le régime capitaliste, que le fait d'avoir réussi à soulever même la chair à plaisir et la chair à canon, crachant leur mépris à la face de cette société qui les a réduits à la misère et à la honte!

LE MASSACRE DES OTAGES

La Commune avait décidé que chaque fois qu'on fusillerait un Communard à Versailles, on fusillerait 3 otages à Paris. On arrêta des gendarmes, des prêtres, un archevêque et on fit savoir à Thiers que s'il voulait rendre un seul prisonnier, Blanqui, vieillard qui ne pouvait avoir d'influence sur l'issue d'une insurrection, la Commune restituerait les 60 otages et s'engageait à n'en plus arrêter de nouveaux.

Thiers, ayant en main la vie des 60 otages, y compris l'archevêque de Paris, répondit à cette proposition par un refus formel.

La Commune n'a jamais exécuté son décret sur les otages; quand ceux-ci furent massacrés, Paris était écrasé, sans chefs, il n'y avait plus de Commune. Un des membres de celle-ci, Varlin, faillit être écharpé par la foule, parce qu'il s'opposait au massacre, la suppliant d'épargner cette tache à l'histoire de la Commune.

Qui donc peut être rendu responsable de la mort de l'archevêque de Paris et des soixante otages? Est-ce Thiers ou la Commune? Thiers, qui pouvait les sauver, ou la Commune qui refusa de les mettre à mort?

(Dans la salle, plusieurs voix répondent : « C'est Thiers!» Applaudissements prolongés.)

Si même la Commune avait exécuté son décret sur les otages, elle n'aurait fait qu'imiter ce qui se fait dans toutes les guerres, elle n'aurait fait que suivre les errements du passé. Mais nous avons le droit de proclamer fièrement que, depuis le 18 mars jusqu'à la fin de mai, pendant tout le gouvernement de la Commune, il y eut bien quelques condamnations à mort prononcées par Rossel, un ancien officier polytechnicien, mais la Commune se refusa à en laisser exécuter un seul.

TÉMOIGNAGE D'ADVERSAIRE

Drumont, le clérical directeur de la *Libre Parole*, comparant la révolution de 93 à la Commune, dit que, quand l'élément ouvrier se mêle aux révolutions, elles deviennent moins sanglantes. Et, parlant de la Commune, il écrit :

« Ce fut l'élément bourgeois qui fut surtout féroce, l'élément peuple, au milieu de cette crise effroyable, resta humain.

» Ajoutons que la plupart des ouvriers, qui ont figuré au premier rang dans la Commune, sont très noblement, très dignement retournés à l'atelier. Parmi les hommes qui avaient eu Paris dans les mains, beaucoup ont repris l'outil sans bruit, simplement. »

LA RÉPRESSION

Quand les Versaillais entrèrent dans Paris, ils s'y livrèrent à une véritable boucherie, au plus épouvantable massacre du XIXᵉ siècle. Trente ou quarante mille hommes furent fusillés, disent les historiens de la Commune; Mac-Mahon en avoue 15 000, le général Appert déclare qu'il y en avait beaucoup plus. Les cimetières furent insuffisants, on empila les cadavres dans les terrains vagues, on les jeta dans le fleuve, on les entassa dans les carrières abandonnées.

L'armée fit 40,000 prisonniers; on en déporta 28,000. Dans certains corps de métier, la proportion du tribut payé à la répression fut terrible. On l'évalue à 25 p. c. des ébénistes, à 30 p. c. des tailleurs, à 40 p. c. des cordonniers.

Les métiers plus misérables furent ceux qui souffrirent le plus, parce que chez eux surtout la résistance fut opiniâtre.

D'un côté donc, nous avons 60 otages massacrés malgré la Commune et, de l'autre, 30,000 hommes, femmes et enfants fusillés sans jugement. Et ce sont les massacreurs qui nous traitent de criminels!

C'est comme si un assassin adressait des imprécations au cadavre de sa victime, parce qu'il aurait reçu d'elle quelques égratignures en commettant son crime. (Appl.)

LES VAINQUEURS DE LA COMMUNE

Sur les chefs du parti conservateur qui combattirent la Commune, Drumont portait le jugement que voici :

« L'histoire s'arrêtera longtemps à cette répression de la Commune, car elle fournit une indication très précise sur la débilité mentale des chefs du parti conservateur et aussi sur leur absence de tout sens moral; ils n'ont ni conscience ni raison d'Etat, ni énergie, ni justice, ni pitié; ils fuient comme des lâches ou massacrent comme des brutes, sans savoir pourquoi ils fuient ni pourquoi ils massacrent; ils laissent renouveler avec ces transports de prisonniers, qu'on décime en chemin de fer pour alléger le convoi et activer la marche, ces scènes de mœurs barbares, ces défilés de Cimbres et des Teutons captifs dont Théophile Gautier et Paul de Saint-Victor ont évoqué le souvenir en des pages inoubliables en peignant Versailles pendant la Commune. »

PARIS EN FEU

Je n'ai pas la prétention de retracer, en ces quelques traits rapides, toute l'histoire de la Commune, mais je veux encore rencontrer quelques-unes des accusations que l'on continue à lui jeter à la face.

Parlons d'abord des incendies. Quand les Versaillais faisaient couler le sang à flots dans les rues de Paris, des incendies éclatèrent dans divers quartiers; on vit brûler le Palais-Royal, l'Hôtel-de-Ville, les Tuileries!

L'Europe se demanda d'où partaient ces incendies. Jamais peut-être on ne pourra donner à cette question une réponse satisfaisante. Ce qui est certain, c'est que, pendant la semaine terrible, il y avait dans les rues de Paris des agents du gouvernement; on a trouvé dans les incendies la trace de cette espèce d'agents que l'on connaît également dans notre pays!

On les trouvait aussi dans le voisinage des pelotons d'exécution et on cite ce dialogue caractéristique entre Calmon et M. Olivier de Watteville, qui voulait poursuivre un individu de ce genre.

— « C'est un de nos agents ! laissez-le libre ! »

— « Mais il a fait fusiller quatorze gardes nationaux réfractaires à la Commune ! »

— « C'était pour mieux cacher son jeu ! »

C'était bien consolant, n'est-ce pas, pour les familles des victimes ? Une autre consolation leur était réservée : l'homme qui faisait ainsi fusiller des innocents, pour mieux cacher son jeu de mouchard, fut décoré de l'ordre de la Légion d'honneur et son nom figure sur le registre, à côté de ceux des soldats et officiers qui ont gagné la croix sur le champ de bataille.

Je ne songe nullement à méconnaître, d'ailleurs, que plusieurs des incendies furent allumés par des partisans de la Commune ; tout le monde connaît le billet signé Ferré, portant l'ordre : « Flambez, finances ».

Mais devant ce sombre événement, il est un sentiment qui devrait être dans tous les cœurs, c'est que l'artisan de ce terrible drame fut avant tout une foule exaspérée, hypnotisée par le souvenir de faits antérieurs. Jules Simon avait écrit pendant le siège, tout en dînant tranquillement, au restaurant, avec Taine : « Luttons jusqu'à la mort et, quand viendra le moment suprême, plutôt Moscou que Paris aux Prussiens, brûlons Paris ! » Qui sait si ce mot n'a pas allumé l'étincelle ?

Brûler Paris ! Quand le patriotisme inspire pareille action, c'est de l'héroïsme, mais quand elle est l'œuvre de la « racaille », défendant la République, ce qui était héroïque et sublime, devient criminel et monstrueux !

Vous êtes des pharisiens, vous qui prétendez être patriotes héroïques, quand vous brûlez votre ville pour ne la point livrer aux ennemis, et ne voyez plus dans cet acte qu'un forfait quand il est accompli par le peuple, aux prises avec les ennemis de la République.

Les armées coloniales n'ont-elles pas fait pire que ne fit la foule de Paris ; n'ont-elles pas, en Chine, pillé, détruit, brûlé, massacré, violé, avec l'autorisation de leurs chefs et l'aveu de leurs gouvernants ?

Et ces vandales, ces pillards, ont l'audace de s'indigner des incendies de la Commune de Paris !

LE PROGRAMME DE LA COMMUNE

Jugeons froidement les événements. Le programme de la Commune fut, un jour, lu à la Chambre par M. Schollaert, qui espérait épouvanter les populations,

Pendant cette lecture, à mesure que les articles défilaient, il se produisait dans l'assemblée un phénomène singulier. Les députés de la droite s'entreregardèrent; leur physionomie exprimait la surprise. « Mais c'est tout simplement le programme socialiste, le programme progressiste même ! » pensaient-ils.

Le programme de la Commune réclamait l'autonomie communale, la séparation de l'Eglise et de l'Etat, la reprise par l'Etat des ateliers abandonnés, la réorganisation de la bienfaisance, etc., etc.

Si bien qu'un député de la droite, après la séance, me parlant de son collègue qui avait lu le programme communal, me disait ; « Mais ce Schollaert est un maladroit ! Pourquoi diable est-il venu lire cela ? Est-ce qu'il avait besoin de faire insérer aux *Annales* un programme aussi anodin, aussi peu révolutionnaire ? »

Le gouvernement communard était composé d'une minorité socialiste et d'une majorité de Jacobins à l'ancienne mode. Il était animé de bonnes intentions, ses décrets étaient irréprochables, mais ceux qui étaient chargés de les exécuter étaient souvent d'une incapacité complète.

UN ENSEIGNEMENT

Une grave leçon se dégage de cette expérience historique. Supposez qu'à Charleroi, en 1886, l'émeute ait triomphé, que la classe ouvrière, presque sans organisation et sans chefs, soit arrivée à la victoire, mais sans avoir la maturité intellectuelle nécessaire pour en tirer profit, ne comprenez-vous pas que cette plèbe, après son éphémère victoire, aurait été bientôt écrasée ?

Il faut donc vous organiser, camarades, pour les luttes à venir.

Le socialisme doit opérer une révolution non seulement dans l'ordre économique, mais dans l'ordre intellectuel et moral.

Et le triomphe plus ou moins prochain de cette révolution dépendra de votre énergie, de votre persévérance, de votre indissoluble union avec les prolétaires de tous les pays.

Sans doute, avant de remporter la victoire finale, vous subirez encore des défaites, mais l'histoire du passé est là pour vous apprendre que les défaites d'une classe qui lutte pour son émancipation ne sont jamais définitives.

Le jour même où la Commune fut achevée — le dernier jour de la semaine sanglante, — c'était le dimanche de la Pentecôte, fête pour les catholiques, fête pour le gouvernement de Versailles.

Morte la bête, mort le venin.

On croyait le Socialisme frappé à mort et, pendant quelques années, en effet, il parut l'être, tué, moins par ses défaites que par ses divisions. Les derniers Congrès de l'*Internationale* donnèrent le lamentable spectacle de divisions entre peuples parlant des langages différents, et ne parvenant à se comprendre.

Mais, toujours, dit Gœthe, jaillit un sang nouveau.

LA PENTECOTE ROUGE

Nous aussi, nous avons eu notre miracle de la Pentecôte.

Cinquante jours après la mort du Christ, dit la légende, les apôtres reçurent le don de langues pour répandre la bonne nouvelle : l'*Internationale* a renouvelé ce miracle. Vingt peuples divers se rencontrent dans nos congrès venus de tous les pays, depuis les steppes de la Russie jusqu'aux confins du Far West Américain.

Tous, maintenant, s'entendent et se comprennent et célébreront, le 1er Mai prochain — après le *Dies irae* de la Commune — les Pâques fleuries de l'Humanité nouvelle.

Des acclamations enthousiastes, des cris de : « Vive

la Commune! » saluent la fin de ce discours d'une vibrante éloquence, dont notre résumé, fidèle cependant, ne peut donner qu'une imparfaite idée.

Le citoyen PASTUR prend ensuite la parole en ces termes :

Citoyen VANDERVELDE,

Je ne puis vous cacher l'impression profonde et indicible que laissera, parmi ceux qui sont ici, l'inoubliable conférence que vous venez de nous donner. En leur nom, je vous remercie d'être venu nous dire ce que fut la Commune de Paris, quel fut son but hautement humanitaire et sacré et quels sont ceux qui, devant l'histoire, doivent porter la responsabilité du sang qui fut versé.

Encore une fois, citoyen Vandervelde, au nom de tous les démocrates, du fond du cœur, mille fois merci et *Vive le Socialisme !*

Le cri de : *Vive le Socialisme!* poussé par le citoyen Pastur, trouve écho dans les milliers de poitrines des citoyens, encore sous l'influence de l'émouvante parole de Vandervelde.

La Commune . . . fait . . . la fin de ce discours a été
vivement acclamée, dont nous résumé, fidèle
cependant, ne peut donner qu'une impartiale idée
citoyen l'avenir prend ensuite la parole au
culte

Citoyen . . .

Déclaration au Peuple Français

(*19 avril 1871*)

Dans le conflit douloureux et terrible qui impose une fois encore à Paris les horreurs du siège et du bombardement, qui fait périr nos frères, nos femmes, nos enfants écrasés sous les obus et la mitraille, il est nécessaire que l'opinion publique ne soit pas divisée, que la conscience nationale ne soit point troublée.

Il faut que Paris et le pays tout entier sachent qu'elle est la nature, la raison, le but de la révolution qui s'accomplit. Il faut enfin que la responsabilité des deuils, des souffrances et des malheurs dont nous sommes victimes retombe sur ceux qui, après avoir trahi la France et livré Paris à l'étranger, poursuivent avec une aveugle et cruelle obstination la ruine de la capitale, afin d'enterrer, dans le désastre de la République et de la liberté, le double témoignage de leur trahison et de leur crime.

La Commune a le devoir d'affirmer et de déterminer les aspirations et les vœux de la population de Paris; de préciser le caractère du mouvement du 18 mars, incompris, inconnu et calomnié par les hommes politiques qui siègent à Versailles.

Cette fois encore, Paris travaille et souffre pour la France entière, dont il prépare, par ses combats et ses sacrifices, la régénération intellectuelle, morale, administrative et économique, la gloire et la prospérité.

Que demande-t-il?

La reconnaissance et la consolidation de la République, seule forme de gouvernement compatible avec les droits du peuple et le développement régulier et libre de la société.

L'autonomie absolue de la commune, étendue à toutes les localités de la France et assurant à chacune l'intégralité de ses droits et, à tout Français, le plein exercice de ses facultés et de ses aptitudes comme homme, citoyen et travailleur.

L'autonomie de la commune n'aura pour limites que le droit d'autonomie égal pour toutes les autres communes adhérentes au contrat, dont l'association doit assurer l'unité française.

Les droits inhérents à la commune sont :

Le vote du budget communal, recettes et dépenses; la fixation et la répartition de l'impôt; la direction des services locaux; l'organisation de la magistrature, de la police intérieure et de l'enseignement; l'administration des biens appartenant à la commune.

Le choix par l'élection ou le concours, avec la responsabilité et le droit permanent de contrôle et de révocation, des magistrats ou fonctionnaires communaux de tous ordres.

La garantie absolue de la liberté individuelle, de la liberté de conscience et de la liberté de travail.

L'intervention permanente des citoyens dans les affaires communales par la libre manifestation de leurs idées, la libre défense de leurs intérêts; garanties données à ces manifestations par la commune, seule chargée de surveiller et d'assurer le libre et juste exercice du droit de réunion et de publicité.

L'organisation de la défense urbaine et de la garde nationale, qui élit ses chefs et veille seule au maintien de l'ordre dans la cité.

Paris ne veut rien de plus à titre de garanties locales, à condition, bien entendu, de retrouver dans la grande administration centrale, délégation des communes fédérées, la réalisation et la pratique des mêmes principes.

Mais, à la faveur de son autonomie et profitant de sa liberté d'action, Paris se réserve d'opérer comme il l'entendra, chez lui, les réformes administratives et économiques que réclame sa population; de créer des institutions propres à développer et à propager l'instruction, la production, l'échange et le crédit; à universaliser le pouvoir et la propriété suivant les nécessités du moment, le vœu des intéressés et les données fournies par l'expérience.

Nos ennemis se trompent ou trompent le pays quand ils accusent Paris de vouloir imposer sa volonté ou sa suprématie au reste de la nation, et de prétendre à une dictature qui serait un véritable attentat contre l'indépendance et la souveraineté des autres communes.

Ils se trompent ou trompent le pays quand ils accusent Paris de poursuivre la destruction de l'unité française, constituée par la Révolution aux acclamations de nos pères, accourus à la fête de la Fédération de tous les coins de la vieille France.

L'unité, telle qu'elle nous a été exposée jusqu'à ce jour par l'empire, la monarchie et le parlementarisme, n'est que la centralisation despotique, inintelligente, arbitraire ou onéreuse.

L'unité politique, telle que la veut Paris, c'est l'association volontaire de toutes les initiatives locales, le concours spontané et libre de toutes les énergies individuelles en vue d'un but commun, le bien-être, la liberté et la sécurité de tous.

La Révolution communale, commencée par l'initiative populaire du 18 mars, inaugure une ère nouvelle de politique expérimentale, positive, scientifique.

C'est la fin du vieux monde gouvernemental et clérical, du militarisme, du fonctionnarisme, de l'exploitation, de l'agiotage, des monopoles, des privilèges, auxquels le prolétariat doit son servage, la patrie ses malheurs et ses désastres.

Que cette chère et grande patrie, trompée par les mensonges et les calomnies, se rassure donc.

La lutte engagée entre Paris et Versailles est de celles qui ne peuvent se terminer par des compromis illusoires : l'issue n'en saurait être douteuse. La victoire, poursuivie avec une indomptable énergie par la Garde nationale, restera à l'idée et au droit.

Nous en appelons à la France !

Averti que Paris en armes possède autant de calme que de bravoure; qu'il soutient l'ordre avec autant d'énergie que d'enthousiasme; qu'il se sacrifie avec autant de raison que d'héroïsme ; qu'il ne s'est armé que par dévouement à la liberté et à la gloire de tous, que la France fasse cesser ce sanglant conflit !

C'est à la France de désarmer Versailles par la manifestation solennelle de son irrésistible volonté.

Appelée à bénéficier de nos conquêtes, qu'elle se déclare solidaire de nos efforts ; qu'elle soit notre alliée dans ce combat qui ne peut finir que par le triomphe de l'idée communale ou par la ruine de Paris !

Quant à nous, citoyens de Paris, nous avons la mission d'accomplir la révolution moderne la plus large et la plus féconde de toutes celles qui ont illuminé l'histoire.

Nous avons le devoir de lutter et de vaincre !

LA COMMUNE

Paroles de JACQUES GUEUX

I

L'Ordre, en des jours de haine et de délire,
Sur toi jadis assouvit ses fureurs
Et fit tomber, l'Histoire peut le dire,
Sous ses canons tes plus fiers défenseurs.
Brutalement, à la gorge, il t'a prise;
D'un pied vainqueur, il t'écrasa le flanc,
Puis, t'ayant fait succomber par surprise,
Il se vautra dans la fange et le sang.

REFRAIN

O Commune, chères amours!
Bientôt pour toujours
Tu renaîtras plus forte.
En ton retour nous avons foi ;
Nous croyons en toi:
Commune, tu n'es pas morte !

II

Nous le savons, de sa main lente et sûre,
Le temps a pu, Commune, malgré tout,
Cicatriser ton horrible blessure,
Te soutenir, te remettre debout.
C'est bien en vain qu'on veut nous faire croire
Que nous t'avons perdue à tout jamais,
Nous t'attendons en gardant la mémoire
De tes malheurs comme de tes bienfaits.

N. B. — Se procurer la partie musicale avec accompagne-
ment pour piano, chez l'éditeur, J. Milot, rue des Sablés, 35.
Prix : 15 centimes.

VIENT DE PARAITRE:

Le Manifeste du Parti Communiste

PAR

Karl MARX et Frederik ENGELS

APERÇU SUR LE SOCIALISME SCIENTIFIQUE

PAR

Gabriel DEVILLE

BEAU VOLUME IN-24 DE 140 PAGES

Prix : 25 Centimes

En vente à la LIBRAIRIE DU PEUPLE, rue des Sables, 35

BRUXELLES

Bruxelles. — Imp. Vve D. Brismée, rue de la Prévôté.